〖小书童蒙学精品〗

养蒙便读

周秉清 著

牛 月 主编

汕头大学出版社

前言

亲爱的小朋友，蒙学是古代学童启蒙的功课，是对我国传统儿童启蒙教育的一个统称，是我国传统教育中的一个重要阶段。在我国古代，儿童"开蒙"接受教育的年龄一般在4岁左右。现代科学认为，4岁恰好是儿童学习汉字的最佳年龄段。因此，蒙学教育的基本目标是培养你们认字和书写能力，养成良好的日常生活习惯，具备基本的道德伦理规范，并且掌握一些中国基本文化的常识及日常生活常识。

蒙学作为国学中经典之经典，铸就了我们"中华不可或缺之魂"，凝聚了我国数千年的文明史和传统文化，体现了中华民族博大精深的文化内涵。特别是蒙学精品，更是古人根据广大儿童身心特点和学习需要而编撰的。这些经典作品，行文流畅，气势磅礴，辞藻华丽，前后连贯，朗朗上口。内容丰富，包含有天文、地理、历史、治国、修身、道德、伦理、哲学、艺术等丰富知识，滋养了一代代人的成长。

蒙学是我们中华民族五千年的文化精髓，其中蕴涵着丰富而深刻的常规道理和人生准则，是经过千百年的历史洗礼和多少代人实践检验过的，是学习成长的必备精神食粮。阅读蒙学经典，秉承国学仁义精神，

学会谦和待人、谨慎待己、勤学好问，就能够培养出人格刚健、内外兼修的阳光少年和未来精英。

亲爱的小朋友，蒙学精品可以使你们在人生的第一步就站在了先辈肩膀之上，能在高起点上开始人生的起跑。阅读圣贤之书，与圣贤为伍，能够使你们精神获得超越。

为此，经过精心挑选，我们特别编辑了这套蒙学精品读本，包括了方方面面的内容。根据小学新课标要求和学习特点，本套作品在忠实原著基础上，去掉了部分不适合阅读的内容，节选了经典原文，同时增设了简单明了的注释和白话解读，还配有相应故事和精美图片等。图文并茂，浅显易懂，非常易于阅读和理解，是学习蒙学和健康成长的良师益友，不仅能够增强阅读兴趣和丰富知识，还能够指导人生道路。

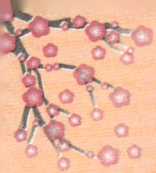

dì yī zhāng　lì
第 一 章　立

正身垂手，双足齐整，
zhèng shēn chuí shǒu　shuāng zú qí zhěng

不得敧斜，倚靠桌凳。
bù dé yī xié　yǐ kào zhuō dèng

立必平视，勿俯勿仰，
lì bì píng shì　wù fǔ wù yǎng

勿左右顾，身勿偏向。
wù zuǒ yòu gù　shēn wù piān xiàng

侍于亲长，立必在旁，
shì yú qīn zhǎng　lì bì zài páng

敬候意旨，不得匆忙。
jìng hòu yì zhǐ　bù dé cōng máng

亲友聚谈，旁立听言，
qīn yǒu jù tán　páng lì tīng yán

不得忘形，立于中间。
bù dé wàng xíng　lì yú zhōng jiān

第二章 行
dì èr zhāng xíng

一步一起，须要端正，
yí bù yì qǐ　　xū yào duān zhèng

不可狂跑，不可跳振。
bù kě kuáng pǎo　　bù kě tiào zhèn

行路勿疾，身正态徐，
xíng lù wù jí　　shēn zhèng tài xú

亲长若呼，却当疾趋。
qīn zhǎng ruò hū　　què dāng jí qū

与人同行，须知左右，
yǔ rén tóng xíng　　xū zhī zuǒ yòu

尊卑长幼，序其先后。
zūn bēi zhǎng yòu　　xù qí xiān hòu

将上堂，声必扬，
jiāng shàng táng，shēng bì yáng，

将入户，视勿昂。
jiāng rù hù，shì wù áng。

毋侧听，毋嗷应，
wú cè tīng，wú áo yìng，

毋淫视，毋怠荒。
wú yín shì，wú dài huāng。

第三章　坐

dì sān zhāng　zuò

坐必端正，齐脚定身，
zuò bì duān zhèng　qí jiǎo dìng shēn

偃仰敧斜，都非坐形。
yǎn yǎng yī xié　dōu fēi zuò xíng

勿伏几席，勿横两臂，
wù fú jǐ xí　wù héng liǎng bì

敛手静心，正念所事。
liǎn shǒu jìng xīn　zhèng niàn suǒ shì

坐必安，执尔颜，
zuò bì ān　zhí ěr yán

请业则起，请益则起。
qǐng yè zé qǐ　qǐng yì zé qǐ

第四章　卧

dì sì zhāng　wò

早起晏眠，　子弟之分，
zǎo qǐ yàn mián　zǐ dì zhī fēn

被勿覆首，　卧必用枕。
bèi wù fù shǒu　wò bì yòng zhěn

就寝脱衣，　必置定所，
jiù qǐn tuō yī　bì zhì dìng suǒ

学自着衣，　勿常累母。
xué zì zhuó yī　wù cháng lèi mǔ

卧必告亲，　起致爱敬，
wò bì gào qīn　qǐ zhì ài jìng

及此晨问，亲前照应。
童年渐长，当谙定省，
亲被与衣，关心暖冷。
眠有定时，起有定时，
勿贪多睡，醒即披衣。
不眠神疲，多眠昏沉，
切勿昼寝，当惜分阴。
睡为魔患，害道败德，
及此童年，慎防懒逸。

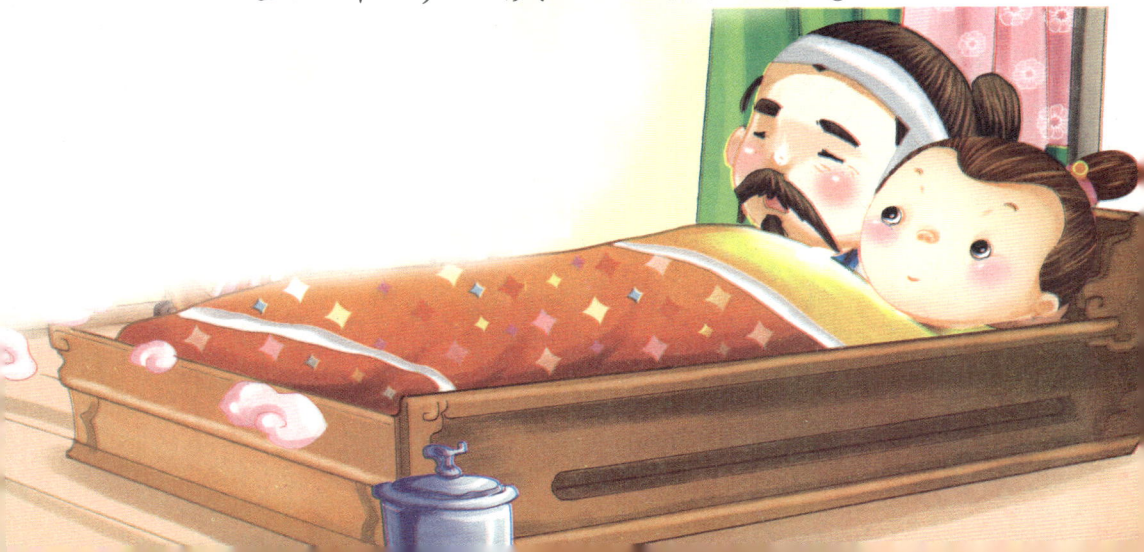

第五章　言语
dì wǔ zhāng　yán yǔ

为子弟者，必谨语言，
wéi zǐ dì zhě，bì jǐn yǔ yán，

低声下气，分所当然。
dī shēng xià qì，fèn suǒ dāng rán。

宜和宜缓，不可喧哗，
yí hé yí huǎn，bù kě xuān huá，

谎言戏语，训责宜加。
huǎng yán xì yǔ，xùn zé yí jiā。

打人骂人，虽戏必戒，
dǎ rén mà rén，suī xì bì jiè，

声色玩好，染之生怠。
shēng sè wán hǎo，rǎn zhī shēng dài。

亲长教训，虚心听受，
勿妄议论，自取过咎。
教训有误，暂当隐默，
不应急辩，形同忤逆。
侍于亲长，声容宜肃，
勿因琐事，大声呼叱。

婢仆有过，宜且宽容，
bì pú yǒu guò，yí qiě kuān róng，

不应叫呼，奔告父兄。
bù yīng jiào hū，bēn gào fù xiōng。

见人有过，反躬自管，
jiàn rén yǒu guò，fǎn gōng zì guǎn，

不得纵口，说人长短。
bù dé zòng kǒu，shuō rén cháng duǎn。

直言尽言，祸乱将及，
zhí yán jìn yán，huò luàn jiāng jí，

更忌亢傲，与人争直。
gèng jì kàng ào，yǔ rén zhēng zhí。

疑事勿质，直而勿有，
私不当莳，笑不可苟。
正尔容，听必慕，
毋剿说，毋雷同。
洒扫应对，进退周旋，
童而习之，养成圣贤。

第六章 饮食

三餐粥饭，原为充饥，
随缘饮食，非时勿思。
美恶勿计，多少勿争，
细嚼缓咽，勿令有声。
举箸必置匙，举匙必置箸，
尊长已起身，童子乃离座。
食时要敛身，离案勿太逼，
举箸要从容，入盘毋太急。

饭　菜　毋　泼　掉，　　匙　箸　毋　坠　地，
fàn cài wú pō diào　　chí zhù wú zhuì dì

饮　食　要　有　节，　　养　身　兼　习　礼。
yǐn shí yào yǒu jié　　yǎng shēn jiān xí lǐ

毋　流　歠，　毋　叱　食，
wú liú chuò　　wú chì shí

毋　反　鱼　肉，　毋　投　与　狗　骨。
wú fǎn yú ròu　　wú tóu yǔ gǒu gǔ

毋　扬　饭，　毋　固　获，
wú yáng fàn　　wú gù huò

毋　絮　羹，　毋　刺　齿。
wú xù gēng　　wú cì chǐ

wù yǐn dī jiǔ　　wù xī zhòng yān
勿　饮　滴　酒　，　勿　吸　众　烟　，

yān jiǔ yǒu dú　　shāng nǎo hào qián
烟　酒　有　毒　，　伤　脑　耗　钱　。

yí qiè ròu pǐn　　hán dú gèng duō
一　切　肉　品　，　含　毒　更　多　，

shí zhī biàn xìng　　yǒu guāi píng hé
食　之　变　性　，　有　乖　平　和　。

shā shēng shí ròu　　wéi bèi rén lǐ
杀　生　食　肉　，　违　背　仁　理　，

shū shí yǎng shēn　　sè xiān wèi měi
蔬　食　养　身　，　色　鲜　味　美　。

第七章　衣履

dì qī zhāng　yī lǚ

衣冠鞋袜，皆须洁净，
yī guān xié wà　jiē xū jié jìng

若能整齐，身亦端正。
ruò néng zhěng qí　shēn yì duān zhèng

如当饮食，勿令污衣，
rú dāng yǐn shí　wù lìng wū yī

如当行路，勿令溅泥。
rú dāng xíng lù　wù lìng jiàn ní

如当写字，勿令沾墨，
rú dāng xiě zì　wù lìng zhān mò

如当盥面，勿令水湿。
rú dāng guàn miàn　wù lìng shuǐ shī

身勿近火，防炙衣服，
shēn wù jìn huǒ　fáng zhì yī fu

足勿履水，防湿鞋袜。
zú wù lǚ shuǐ　fáng shī xié wà

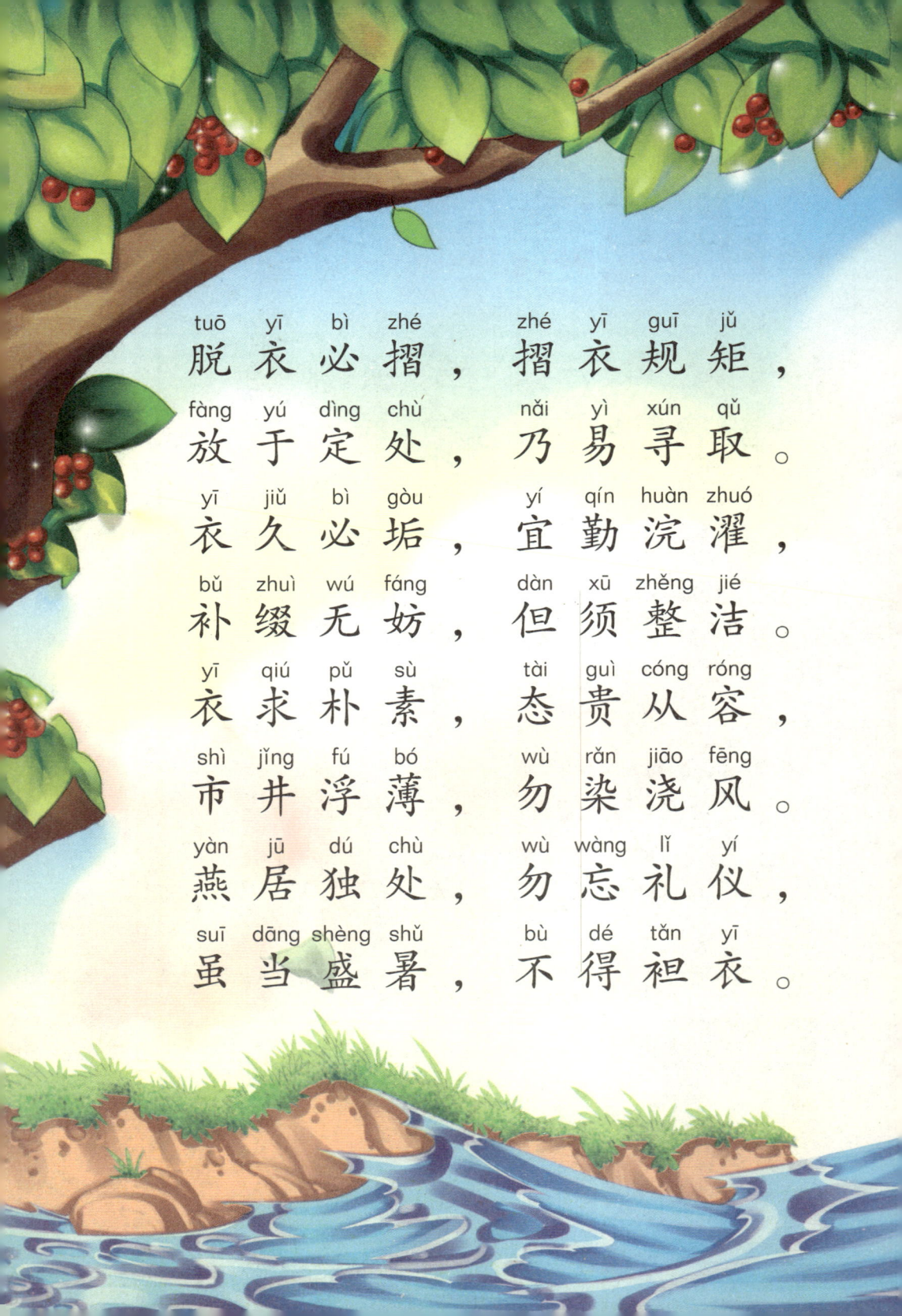

脱(tuō)衣(yī)必(bì)摺(zhé)，摺(zhé)衣(yī)规(guī)矩(jǔ)。

放(fàng)于(yú)定(dìng)处(chù)，乃(nǎi)易(yì)寻(xún)取(qǔ)。

衣(yī)久(jiǔ)必(bì)垢(gòu)，宜(yí)勤(qín)浣(huàn)濯(zhuó)，

补(bǔ)缀(zhuì)无(wú)妨(fáng)，但(dàn)须(xū)整(zhěng)洁(jié)。

衣(yī)求(qiú)朴(pǔ)素(sù)，态(tài)贵(guì)从(cóng)容(róng)，

市(shì)井(jǐng)浮(fú)薄(bó)，勿(wù)染(rǎn)浇(jiāo)风(fēng)。

燕(yàn)居(jū)独(dú)处(chù)，勿(wù)忘(wàng)礼(lǐ)仪(yí)，

虽(suī)当(dāng)盛(shèng)暑(shǔ)，不(bù)得(dé)袒(tǎn)衣(yī)。

旧衣勿嫌，新衣勿喜，
幼不爱穿，已类有志。
衣之本义，蔽体御寒，
一粟一丝，思来之艰。
若贪华美，便为心病，
心不去贪，云何作圣？

第八章　读书

dì bā zhāng　dú shū

读必端身，　置书宜正，
dú bì duān shēn　zhì shū yí zhèng

对字朗读，　不可错认。
duì zì lǎng dú　bù kě cuò rèn

眼到口到，　还须心到，
yǎn dào kǒu dào　hái xū xīn dào

有此三到，　易熟易晓。
yǒu cǐ sān dào　yì shú yì xiǎo

书须爱护，　不可皱损，
shū xū ài hù　bù kě zhòu sǔn

每次读完，　掩束齐整。
měi cì dú wán　yǎn shù qí zhěng

zhuān xīn kàn zì
专 心 看 字，

duàn jù lǎng dú
断 句 朗 读，

mù wú páng guān
目 毋 旁 观，

shǒu wú nòng wù
手 毋 弄 物。

shū wèi tōng xiǎo
书 未 通 晓，

sù lì ér wèn
肃 立 而 问，

shī zhǎng dā yán
师 长 答 言，

zhèng shēn jìng tīng
正 身 敬 听。

qǔ yòng shū wù
取 用 书 物，

dāng xué cóng róng
当 学 从 容，

bù dé fān luàn
不 得 翻 乱，

rèn zhì xī dōng
任 置 西 东。

shèng xián zhī dào
圣 贤 之 道，

quán zài shū zhōng
全 在 书 中，

ruò míng yì lǐ
若 明 义 理，

kān xué shèng gōng
堪 学 圣 功。

第九章　习字
dì jiǔ zhāng　xí zì

童子学书，先学执笔，
tóng zǐ xué shū　xiān xué zhí bǐ

指勿着毫，手勿染墨。
zhǐ wù zhuó háo　shǒu wù rǎn mò

纸勿染污，字勿草率，
zhǐ wù rǎn wū　zì wù cǎo shuài

严正分明，一笔一画。
yán zhèng fēn míng　yì bǐ yí huà

研墨放笔，毋使有声，
yán mò fàng bǐ　wú shǐ yǒu shēng

砚面桌面，戏书必惩。

习字二法，日摹日临，

临学其神，摹效其形。

形在结构，神在用笔，

临池贵多，古碑今帖。

写信作文，字代语言，

著书教人，全赖字传。

墨美字佳，见者欣悦，

劝尔童子，勤学勿辍。

第十章　卫生

人生疾病，　多由不节，
既贻亲忧，　又误功业。
致病原因，　二途所造，
养身失宜，　养心无道。
祸从口出，　病从口入，
养身致谨，　首在饮食。
欲冀长生，　在断酒肉，
始仅提神，　卒化诸毒。

guǒ gǔ cài shū　　zī yǎng liào fēng
果谷菜蔬，　　滋养料丰，

xuè qīng qì jiàn　　fǎn lǎo huán tóng
血清气健，　　返老还童。

shí yí xì jiáo　　xiāo huà nǎi xíng
食宜细嚼，　　消化乃行，

bǎo yí qī chéng　　cháng jūn bù shēng
饱宜七成，　　肠菌不生。

yān jiǔ yǔ chá　　shāng nǎo yí jiè
烟酒与茶，　　伤脑宜戒，

yán táng shí duō　　yì wéi wèi hài
盐糖食多，　　亦为胃害。

méi wù wù shí　　shǔ dú kān yōu
霉物勿食，　　暑毒堪忧，

huài guǒ wù shí　　chún dú zhōu liú
坏果勿食，　　醇毒周流。

二曰衣服，适体须宽，
切忌短窄，束缚难安。
布衣温暖，但贵洁清，
切忌华美，丧志分心。
三曰房屋，窗须多辟，
空气新鲜，神清血洁。
温寒燥湿，毋过不及，
光线适宜，勿伤目力。
勿堆杂物，勿丛秽气，
清净整齐，足资办事。
尧殿土阶，禹屋茅茨，
勿尚崇高，心动神疲。

四日劳逸，贵有节制，
过劳则伤，过逸则驰。
或运神思，或劳筋骨，
及三刻钟，宜一休息。
养心之道，寡欲为先，
色欲食欲，淡则延年。
好事多磨，如愿者少，
知足常乐，不贪为宝。
怒血变毒，忧忿伤人，
忍怒息争，和气如春。

得必有失，荣必有辱，
遇事看破，神完气足。
为善最乐，心安理得，
俯仰无惭，神闲意适。
求不得苦，举世同然，
何以忘忧？知命乐天。
养身养心，为顺生理，
借幻修真，非求不死。

第十一章 事亲
dì shí yī zhāng　shì qīn

欲修圣功，　始于孝亲，
yù xiū shèng gōng　shǐ yú xiào qīn

谁无父母，　木本水源。
shuí wú fù mǔ　mù běn shuǐ yuán

仁及天下，　爱始于亲，
rén jí tiān xià　ài shǐ yú qīn

酬恩报德，　育我情深。
chóu ēn bào dé　yù wǒ qíng shēn

德配天地，　莫大于孝，
dé pèi tiān dì　mò dà yú xiào

奉　养　慕　敬，　乃　孝　之　道。
fèng yǎng mù jìng　nǎi xiào zhī dào

弟　子　之　职，　在　事　亲　长，
dì zǐ zhī zhí　zài shì qīn zhǎng

拂　拭　几　案，　扫　除　尘　鞅。
fú shì jī àn　sǎo chú chén yāng

书　籍　笔　砚，　整　理　随　时，
shū jí bǐ yàn　zhěng lǐ suí shí

亲　所　爱　物，　保　而　存　之。
qīn suǒ ài wù　bǎo ér cún zhī

十岁以后，先亲而起，
盥毕亲前，问安如礼。
父母将寝，整衾以待，
已寝下帷，屏息出外。
开门揭帘，勿令声响，
门本关者，随手关上。

夏日侍亲，挥扇却暑，
冬察冷暖，照应炉火。
进馔之礼，孝养所在，
事亲习劳，骄慢必戒。

亲膳将至，先拭几案，
敬安箸匙，器具勿乱。
亲未举箸，不得先食，
亲将食完，继亲而毕。
亲嗜之物，移近亲前，
尊长饭竣，躬撤几筵。

晋（jìn）王（wáng）延（yán），孝（xiào）可（kě）贵（guì），
夏（xià）扇（shān）席（xí），冬（dōng）温（wēn）被（bèi），
自（zì）寒（hán）无（wú）全（quán）衣（yī），养（yǎng）亲（qīn）极（jí）滋（zī）味（wèi）。
养（yǎng）亲（qīn）身（shēn），孝（xiào）之（zhī）始（shǐ）；
养（yǎng）亲（qīn）志（zhì），孝（xiào）乃（nǎi）大（dà）；
勿（wù）伤（shāng）亲（qīn）心（xīn），勿（wù）拂（fú）亲（qīn）意（yì）。
亲（qīn）命（mìng）即（jí）趋（qū），唯（wéi）勿（wù）稍（shāo）迟（chí），
当（dāng）食（shí）则（zé）吐（tǔ），当（dāng）业（yè）则（zé）投（tóu）。

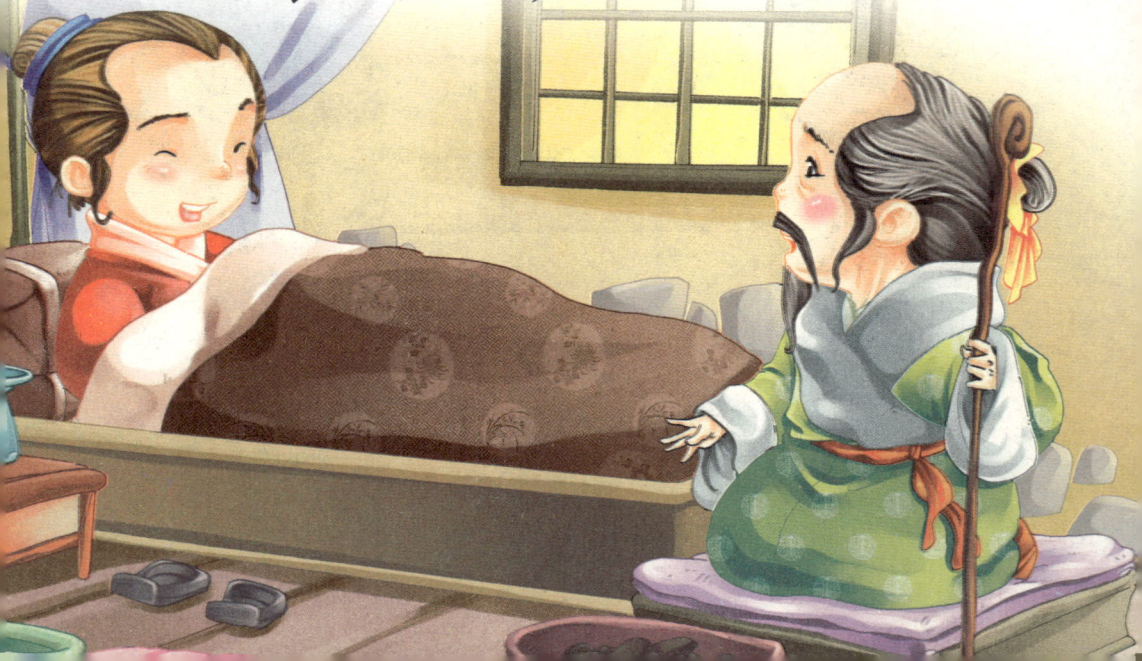

出赴书塾，鞠躬告出，
归见亲长，鞠躬告入。
亲出亲入，敬慕和煦，
毋得怠慢，视若无睹。

弟子行事，必禀家长，
dì zǐ xíng shì, bì bǐng jiā zhǎng,

不禀而行，是曰慢上。
bù bǐng ér xíng, shì yuē màn shàng。

幼勿远游，游必有方，
yòu wù yuǎn yóu, yóu bì yǒu fāng,

不有私财，不衣裘裳。
bù yǒu sī cái, bù yī qiú cháng。

能顺即孝，悦亲为则，
néng shùn jí xiào, yuè qīn wéi zé,

颜色词气，宜和勿直。
yán sè cí qì, yí hé wù zhí。

亲责打，因爱子，
勿违忤，速改悔。
亲长有事，尽当服役，
盥为捧巾，坐为正席。
如此之类，不可殚述，
但当敬慕，不可怠忽。

qīn yǒu guò， dāng jǐ jiàn，
亲有过， 当几谏，

tà liú xuè， bù gǎn yuàn。
挞流血， 不敢怨。

jiàn bù cóng， qiǎo duì dài，
谏不从， 巧对待，

jiàn zhū nèi， yǐn zhū wài。
谏诸内， 隐诸外。

shàn zé chēng qīn， guò zé guī jǐ，
善则称亲， 过则归己，

pǔ tiān zhī xià， wú bú shì de fù mǔ。
普天之下， 无不是的父母。

养亲之身，为孝之恒，
成亲之德，乃孝之纯。
以道事亲，虽孝之大，
自高卑亲，慢上宜戒。
以善责亲，即伤亲心，
罪同忤道，乖天和平。
才能富贵，骄则贻诮，
谁生汝身，而将亲傲？

父母生我，劬劳鞠育，
子壮亲衰，思之当哭。
亲衰老，当伏侍；
亲病痛，当医治；
亲贫困，当安慰；
亲劳苦，当身替。

年(nián) 暮(mù) 需(xū) 人(rén)， 况(kuàng) 当(dāng) 病(bìng) 苦(kǔ)，

竭(jié) 力(lì) 奉(fèng) 侍(shì)， 庶(shù) 几(jǐ) 反(fǎn) 哺(bǔ)。

侍(shì) 疾(jí) 勿(wù) 怠(dài)， 尽(jìn) 瘁(cuì) 弗(fú) 止(zhǐ)，

不(bú) 幸(xìng) 丧(sàng) 亡(wáng)， 饰(shì) 终(zhōng) 以(yǐ) 礼(lǐ)。

遗(yí) 体(tǐ) 归(guī) 土(tǔ)， 宜(yí) 及(jí) 其(qí) 时(shí)，

毋(wú) 惑(huò) 风(fēng) 水(shui)， 久(jiǔ) 淹(yān) 葬(zàng) 期(qī)。

shēng zé jìn yǎng　　sǐ zé jìn sī
生 则 尽 养 ，　　死 则 尽 思 ，

bài sǎo jì diàn　　wù kuī lǐ yí
拜 扫 祭 奠 ，　　勿 亏 礼 仪 。

jì mǔ shù mǔ　　jiē wéi wú mǔ
继 母 庶 母 ，　　皆 为 吾 母 ，

jì míng zhī zǐ　　dāng xiào wú wǔ
既 名 之 子 ，　　当 孝 无 忤 。

yǎng qīn jìng qīn　　xiào shì rú yí
养 亲 敬 亲 ，　　孝 事 如 仪 ，

shì zhǎng jiāo yǒu　　yì yǐ guàn zhī
事 长 交 友 ，　　一 以 贯 之 ，

rén mín ài wù　　tuī guǎng xián yí
仁 民 爱 物 ，　　推 广 咸 宜 ，

tóng nián zhī cǐ　　zuò shèng zhī jī
童 年 知 此 ，　　作 圣 之 基 。

第十二章 友爱

dì shí èr zhāng yǒu ài

兄弟如手足，妻子如衣服。
xiōng dì rú shǒu zú　qī zǐ rú yī fu

衣服破，尚可缝；
yī fu pò　shàng kě féng

手足断，不可续。
shǒu zú duàn　bù kě xù

兄弟不和，是名不义，
xiōng dì bù hé　shì míng bú yì

因利而争，与兽奚异？
yīn lì ér zhēng　yǔ shòu xī yì

互相友好，互相亲爱，
hù xiāng yǒu hǎo　hù xiāng qīn ài

让恕而行，终身勿改。
ràng shù ér xíng　zhōng shēn wù gǎi

姊曰女兄，妹曰女弟，
zǐ yuē nǚ xiōng　mèi yuē nǚ dì

相助相亲，同胞一体。
xiāng zhù xiāng qīn　tóng bāo yì tǐ

兄宜爱弟，弟宜恭兄，
xiōng yí ài dì　dì yí gōng xiōng

饮食相让，财物公同。
yǐn shí xiāng ràng　cái wù gōng tóng

互相劝善，互相规过，
hù xiāng quàn shàn　hù xiāng guī guò

疾病相扶，患难相顾。
jí bìng xiāng fú　huàn nàn xiāng gù

事奉亲长，互相分劳，
shì fèng qīn zhǎng　hù xiāng fēn láo

研求学问，互相指导。
yán qiú xué wen　hù xiāng zhǐ dǎo

常时和乐，天伦畅叙，
cháng shí hé lè　tiān lún chàng xù

变时急难，共御外侮。
biàn shí jí nán　gòng yù wài wǔ

勿存私心，但爱妻子，
wù cún sī xīn，dàn ài qī zǐ

勿争财货，致乖伦理。
wù zhēng cái huò，zhì guāi lún lǐ

斗粟尺布，终贻后悔；
dǒu sù chǐ bù，zhōng yí hòu huǐ

煮豆燃萁，万世之耻。
zhǔ dòu rán qí，wàn shì zhī chǐ

姜家大被，陈氏广席，
但相爱好，不闻争夺。
李绩姊病，煮粥须焚，
岂无婢仆，爱姊心诚。
温公事兄，饥寒时询，
敬之如父，保之如婴。

汉末饥，人相食，
hàn mò jī，rén xiāng shí，

有赵礼，为贼得，
yǒu zhào lǐ，wéi zéi dé，

其兄孝，奔贼围，
qí xiōng xiào，bēn zéi wéi，

谓弟瘦，逊我肥，
wèi dì shòu，xùn wǒ féi，

贼叹服，俱令归。
zéi tàn fú，jù lìng guī。

淳于崇，将被害，
chún yú chóng，jiāng bèi hài，

其弟恭，请身代，
qí dì gōng，qǐng shēn dài，

盗服义，反罗拜。
dào fú yì，fǎn luó bài。

父不慈，子当孝；
兄不友，弟当悌。
积诚既久，自能感应；
诚能感神，况同人性？

我为子弟，　孝悌长上，
wǒ wéi zǐ dì　　xiào tì zhǎng shàng

我之子弟，　自依榜样。
wǒ zhī zǐ dì　　zì yī bǎng yàng

弟兄既长，　有贤不肖，
dì xiong jì zhǎng　yǒu xián bú xiào

或贫或富，　或已异灶。
huò pín huò fù　　huò yǐ yì zào

养生送死，　吉凶庆吊，
yǎng shēng sòng sǐ　jí xiōng qìng diào

财稍裕者，　义当关照，
cái shāo yù zhě　　yì dāng guān zhào

友谊且然，　同胞尤要。
yǒu yì qiě rán　　tóng bāo yóu yào

父母爱子，本无偏爱，
长幼贤愚，平等看待。
亲爱长兄，小弟未生，
故弟罕说，父母偏心。
亲爱幼子，兄等习见，
故兄妄疑，亲有偏恋。
父母何私？讵分彼此，
曲尽孝道，方称令子。

分 财 异 居 ， 私 害 难 决 ，
fēn cái yì jū   sī hài nán jué

贵 在 互 助 ， 彼 此 周 恤 。
guì zài hù zhù   bǐ cǐ zhōu xù

能 让 能 容 ， 孝 悌 俱 全 ，
néng ràng néng róng   xiào tì jù quán

能 化 妻 孥 ， 贤 莫 大 焉 。
néng huà qī nú   xián mò dà yān

兄 弟 和 睦 ， 亲 心 亦 悦 ，
xiōng dì hé mù   qīn xīn yì yuè

同 志 合 力 ， 必 兴 家 业 。
tóng zhì hé lì   bì xīng jiā yè

第十三章　事长
dì shí sān zhāng　shì zhǎng

fán shǔ fù dǎng　mǔ dǎng qī dǎng
凡 属 父 党 ， 母 党 妻 党 ，

bān cì zūn zhě　jūn wéi qīn zhǎng
班 次 尊 者 ， 均 为 亲 长 。

fù mǔ zhī yǒu　jiē wéi zūn zhǎng
父 母 之 友 ， 皆 为 尊 长 ，

yǒu chǐ yǒu dé　yì chēng xiāng zhǎng
有 齿 有 德 ， 亦 称 乡 长 。

shòu wú yǐ yè　yù wú yǐ dé
授 吾 以 业 ， 育 吾 以 德 ，

shì míng shī zhǎng　chéng wú rén gé
是 名 师 长 ， 成 吾 人 格 。

凡侍长者，敬顺为先，
坐必谦下，行勿并肩。
毋蹶尔足，勿乱尔衣，
长者不及，儳言何为？

长者在前，肃恭勿忘，
命坐始坐，敛容整裳。
命进则进，命退则退，
履声轻和，常防粗厉。
先生有问，辞毕而对，
敬陈所见，词必谦退。

duì zhǎng zhě yán　　yǐ bì chēng míng
对 长 者 言 ，已 必 称 名 ，

yán zhǎng zhě shì　　huì míng wù chēng
言 长 者 事 ，讳 名 勿 称 。

zhǎng zhě wèn　　duì wù qī
长 者 问 ，对 勿 欺 ；

zhǎng zhě lìng　　xíng wù chí
长 者 令 ，行 勿 迟 ；

zhǎng zhě cì　　bù gǎn cí
长 者 赐 ，不 敢 辞 。

zhǎng zhě qiàn shēn　　gào tuì qǐng xī
长 者 欠 伸 ，告 退 请 息 ；

yǔ rén dú yǔ　　píng shēn zì chū
与 人 独 语 ，屏 身 自 出 。

尊容之前，　宜慎咳唾，
不敢叱狗，　骇客于座。
长者逾等，　不问其年，
侍坐侍馔，　宜卑而谦。
怠惰放肆，　叱咤挥扬，
是曰傲慢，　败德召亡。
途遇长者，　疾趋肃立，
温恭言语，　当察颜色。

侍长者行，必居其后，
cháng kǒng wèn huà　　wù yuǎn zuǒ yòu
常恐问话，勿远左右。

遇人于途，致敬即别，
勿舍长者，与言琐屑。

长者所视，意必随之，
若其登陟，小心扶持。

父齿随行，兄齿雁行，
重任则分，轻任则并。

若有校友， 才德堪师，
同学之长， 敬而亲之。
若服职务， 必有主管，
依法敬恭， 勤职毋忝。
亲亲为仁， 敬长为义，
及兹童年， 躬行如礼。

第十四章　夫妇

dì shí sì zhāng　fū fù

有诸男女，　久种善根，
yǒu zhū nán nǚ　jiǔ zhòng shàn gēn

不娶不嫁，　是名童贞。
bù qǔ bú jià　shì míng tóng zhēn

既有嫁娶，　遂成配偶，
jì yǒu jià qǔ　suì chéng pèi ǒu

男子名夫，　女为之归。
nán zǐ míng fū　nǚ wèi zhī guī

名义双立，　道礼互遵，
míng yì shuāng lì　dào lǐ hù zūn

背道忘礼，　忧苦之门。
bèi dào wàng lǐ　yōu kǔ zhī mén

男子于妻，贵率以德，
佐我事亲，助我立业。
襄我为善，辅我治家，
相勖以勤，相戒以奢。
相勉以仁，相谅以恕，
勿怠公益，勿贪逸豫。
夫道若正，庶免家败，
非遭劣妻，罔或破坏。

女子于夫，　贵成其德，

夫不孝友，　婉劝宜力。

夫不勤学，　勖以立志，

夫有嗜好，　设法戒弃。

夫缺慈心，　相导以仁，

夫无正业，　相儆以贫。

善事姑嫜，致敬尽礼，
勿恃才能，勿专顾己。
和睦妯娌，管教儿女，
相夫祭祀，勿忘厥祖。

衣服饮食，　　照应丈夫，
夫也外勤，　　内事多疏。
清洁房屋，　　调和烹煮，
管理婢仆，　　赖妻内助。

nán nǚ hūn pèi
男 女 婚 配 ，

bì yào xiāng dāng
必 要 相 当 ，

xué tóng dé tóng
学 同 德 同 ，

shù miǎn jiù yāng
庶 免 咎 殃 。

xué dé jì tóng
学 德 既 同 ，

pìn qǔ rú lǐ
聘 娶 如 礼 ，

zhōng yǒu huǐ zhě
终 有 悔 者 ，

yóu fú shèn shǐ
由 弗 慎 始 。

pín jiàn fēi kǔ
贫 贱 非 苦 ，

fù guì fēi lè
富 贵 非 乐 ，

lè shēng yú hé
乐 生 于 和 ，

qiān jīn fú jí
千 金 弗 及 。

ān pín nài fù
安 贫 耐 富 ，

rěn ràng xiāng jì
忍 让 相 济 ，

fēi yǒu dà gù
非 有 大 故 ，

bù dé lí yì
不 得 离 异 。

遵斯遭礼，两美堪称，
昌大家业，模范子孙。
或因孽缘，配非其偶，
意见参商，语言龃龉。
或乏能力，或缺知识，
安望治家？徒滋叹息。

若更不贤，　罔知礼义，
ruò gèng bù xián　wǎng zhī lǐ yì

唯议酒食，　专尚华美，
wéi yì jiǔ shí　zhuān shàng huá měi

赌耗钱币，　行干法纪，
dǔ hào qián bì　xíng gān fǎ jì

好作游观，　怕亲书史。
hǎo zuò yóu guān　pà qīn shū shǐ

怠荒无度，傲纵背理，
或夫或妻，有一于此，
互薰成习，同归废弛，
身败家亡，祸及孙子。
世鉴昭昭，言之冷齿。
一家虽小，国之分子。
群家式微，国亦衰矣。
丞民无德，宁勿嫁娶。

第十五章　交友

一乡之人，其数万千，
是名同乡，不名为友。
一校之中，生徒数百，
是名同学，不名为友。

友以助道，友以辅仁，
行高责重，列予五伦。
人有善恶，人有邪正，
取友必择，不可不慎。
心术邪曲，举动夸张，
是名便辟，比匪堪伤。

或性顺媚，一味阿谀，
是名善柔，养我痈疽。
或缺真诚，徒逞辩说，
是名便佞，浮而不实。
或事游戏，酒食流连，
餔啜之徒，何德可言？

或 性 贪 鄙 ， 不 与 而 取 ，
迹 类 偷 窃 ， 下 流 勿 伍 。
或 缺 庄 敬 ， 谑 浪 笑 傲 ，
妄 语 绮 言 ， 有 违 圣 孝 。

或 勿 下 贱 ，　执 袖 拍 肩 ，
huò wù xià jiàn　zhí xiù pāi jiān

不 矜 威 仪 ，　有 损 观 瞻 。
bù jīn wēi yí　yǒu sǔn guān zhān

或 心 残 忍 ，　毫 无 恻 隐 ，
huò xīn cán rěn　háo wú cè yǐn

即 小 观 大 ，　借 彼 内 省 。
jí xiǎo guān dà　jiè bǐ nèi xǐng

或不孝悌，性情乖逆，
幼非佳儿，长为国贼。
或惯欺诳，不诚不信，
口是心非，何事可任？
如是等人，无益有损，
处以敬恭，心勿亲近。

择交方法，观人宜慎，
观人于微，听言观行。
能仁必爱，有礼必让，
诚则不欺，信则无诳。
教行孝友，必明大义，
存心济世，是谓有志。

不贪财物，品必高洁，
bù tān cái wù　pǐn bì gāo jié

不轻忿怒，量能容物。
bù qīng fèn nù　liàng néng róng wù

小事能慎，大庶无愆，
xiǎo shì néng shèn　dà shù wú qiān

幼即如此，长必称贤。
yòu jí rú cǐ　zhǎng bì chēng xián

如斯等众，是名益友，
rú sī děng zhòng　shì míng yì yǒu

敬之亲之，结交恐后。
jìng zhī qīn zhī　jié jiāo kǒng hòu

齿德俱尊，奉之为师，
chǐ dé jù zūn，fèng zhī wéi shī，

年岁相若，以兄事之。
nián suì xiāng ruò，yǐ xiōng shì zhī。

交友之道，惟淡乃成，
jiāo yǒu zhī dào，wéi dàn nǎi chéng，

甘如醴者，忿怒易生。
gān rú lǐ zhě，fèn nù yì shēng。

交友之道，惟敬乃久，
jiāo yǒu zhī dào，wéi jìng nǎi jiǔ，

勿事狎亵，难善其后。
wù shì xiá xiè，nán shàn qí hòu。

毋矜势利，利尽交疏，
wú jīn shì lì，lì jìn jiāo shū，

毋尚意气，气衰情渝。
wú shàng yì qì，qì shuāi qíng yú。

交友之心，自满宜儆，
虚能受益，满则招损。
不尽人欢，不竭人忠，
以全其交，慎始至终。
不可挟长，不可挟贵，
惟德是友，同心共济。

shì　yǒu　zhèng　yǒu
士　有　诤　友　，

lìng　míng　rì　zhuó
令　名　日　灼　，

tā　shān　zhī　shí
他　山　之　石　，

kě　yǐ　wéi　cuò
可　以　为　错　。

rén　guì　néng　shī
人　贵　能　施　，

yǒu　shòu　bì　bào
有　受　必　报　，

lǐ　shàng　wǎng　lái
礼　尚　往　来　，

mò　guāi　lǐ　jiào
莫　乖　礼　教　。

kuàng　cǐ　liáng　péng
况　此　良　朋　，

zhù　dào　fǔ　rén
助　道　辅　仁　，

chūn　qiū　jiā　rì
春　秋　佳　日　，

guò　cóng　yí　pín
过　从　宜　频　。

岁时宴会，蔬餐相飨，
讲学言志，奇文共赏。
处为学友，出则同升，
志同道合，大业可兴。
若遇患难，互助有人，
死生相共，笃于姻亲。
世界人类，倘皆修德，
交尽良朋，成极乐国。

第十六章　服务
dì shí liù zhāng　fú wù

人非独活，　互助为义，
rén fēi dú huó　hù zhù wèi yì

为众服务，　自他俱利。
wèi zhòng fú wù　zì tā jù lì

昔者孔孟，　利济为心，
xī zhě kǒng mèng　lì jì wèi xīn

关怀教养，　说义称仁。
guān huái jiào yǎng　shuō yì chēng rén

释伽文佛，　称曰大慈，
shì gā wén fó　chēng yuē dà cí

慈能与乐，　何惠不施？
cí néng yǔ lè　hé huì bù shī

自古迄今，　中国外国，
zì gǔ qì jīn　zhōng guó wài guó

明君贤相，　为民瘁力。
míng jūn xián xiàng　wèi mín cuì lì

相尔后生，志云何立？
为国宣劳，为民造福。
劝尔小子，誓愿宜宏，
博施济众，饶益群生。
为民御灾，为民捍患，
尽智竭忠，救苦救难。
为民裕财，为民育德，
二者之中，德育尤急。

qún zhòng yǒu dé
群 众 有 德，

shī jì zhě duō
施 济 者 多，

zhòng zhī shī jì
众 知 施 济，

cái jūn mín hé
财 均 民 和。

ruò zhuān móu fù
若 专 谋 富，

dàn néng yǎng mín
但 能 养 民，

yǒu yǎng wú jiào
有 养 无 教，

jìn yú qín shòu
近 于 禽 兽。

dāng yù cǐ zhǐ
当 喻 此 旨，

jìn zī tiān zhí
尽 兹 天 职，

liàng jiān tiān xià
量 兼 天 下，

huì zhōu mín wù
惠 周 民 物。

欲 能 服 务 ，　当 壹 其 心 ，
yù néng fú wù　　dāng yī qí xīn

尽 此 形 寿 ，　博 爱 众 生 。
jìn cǐ xíng shòu　bó ài zhòng shēng

欲 能 服 务 ，　当 励 勤 廉 ，
yù néng fú wù　　dāng lì qín lián

勤 能 补 拙 ，　廉 不 爱 钱 。
qín néng bǔ zhuō　lián bú ài qián

欲 能 服 务 ，　当 具 才 智 ，
yù néng fú wù　dāng jù cái zhì

无 才 无 智 ，　任 事 罔 济 。
wú cái wú zhì　rèn shì wǎng jì

欲 能 服 务 ，　当 勿 畏 难 ，
yù néng fú wù　dāng wù wèi nán

忍 辱 负 重 ，　行 心 所 安 。
rěn rǔ fù zhòng　xíng xīn suǒ ān

欲 能 服 务 ，　当 善 容 物 ，
yù néng fú wù　dāng shàn róng wù

含 宏 光 大 ，　小 过 勿 责 。
hán hóng guāng dà　xiǎo guò wù zé

欲能服务，当善用人，
用当其才，兼听则明。
欲能服务，当矢忠诚，
鞠躬尽瘁，不计死生。

服务之时，无拘出处，
fú wù zhī shí　　wú jū chū chù

当位乘权，惠民最溥。
dāng wèi chéng quán　　huì mín zuì pǔ

公团服务，并足利民，
gōng tuán fú wù　　bìng zú lì mín

建策著书，亦训后昆。
jiàn cè zhù shū　　yì xùn hòu kūn

fú wù zhī shì，dà xiǎo wéi jūn，
服务之事，大小惟均，

tǔ rǎng xì liú，shān gāo hǎi shēn。
土壤细流，山高海深。

fú wù zhī rén，nán nǚ wú bié，
服务之人，男女无别，

tóng wéi guó mín，tóng hè tiān zhí。
同为国民，同荷天职。

dāng gòng jīng jìn，shì jì qún lún，
当共精进，誓济群伦，

jí ěr tóng nián，zǎo fā dà xīn。
及尔童年，早发大心。

第十七章 改过

dì shí qī zhāng　　gǎi guò

rén xìng zhī tǐ，běn rán qīng jìng，
人性之体，本然清净，

wú shàn wú è，zhàn rú míng jìng。
无善无恶，湛如明镜。

xīn shí yí dòng，hào wù sī méng，
心识一动，好恶斯萌，

fā bù zhōng jié，guò nǎi zī shēng。
发不中节，过乃滋生。

guò jì běn wú，yīn wàng ér qǐ，
过既本无，因妄而起，

wàng dòng bù xī，jī xí nán zhǐ。
妄动不息，积习难止。

一念之差，成妄想种，
妄更生妄，如痴如梦。
一言之失，驷马难追，
积久说惯，不自知非。
一行之隳，偶欺暗室，
若不愧悔，又蹈前辙。

过 而 不 改， 习 惯 成 性，
guò ér bù gǎi xí guàn chéng xìng

丛 恶 招 殃， 亡 家 丧 命。
cóng è zhāo yāng wáng jiā sàng mìng

若 欲 改 过， 但 断 此 习，
ruò yù gǎi guò dàn duàn cǐ xí

向 所 惯 者， 今 立 离 绝。
xiàng suǒ guàn zhě jīn lì lí jué

邪念偶生，　主回心意，
勿谓虚想，　将战实事。
戏语偶发，　立志疚心，
勿谓误言，　弄假成真。
非礼偶犯，　立自矫正，
勿谓小恶，　癣疥致命。
勿贪声色，　勿爱财货，
勿吸烟酒，　勿好赌牌。
勿杀生命，　勿嗜美食，
勿逞气忿，　勿耽安逸。

改勿畏难， 逆水舟行，

世无难事， 有志竟成。

改勿怕苦， 忍耐为贵，

苦尽甜来， 身心无累。

改勿怀惭， 人孰无过，

贵在洗心， 涤除染污。

gǔ xī shèng wáng
古 昔 圣 王 ，

tè shè jiàn gǔ
特 设 谏 鼓 ，

gǎi guò qiān shàn
改 过 迁 善 ，

sī chēng míng zhǔ
斯 称 明 主 。

xià wáng dà yǔ
夏 王 大 禹 ，

wén shàn bài lǐ
闻 善 拜 礼 ，

kǒng tú zhòng yóu
孔 徒 仲 由 ，

wén guò zé xǐ
闻 过 则 喜 。

君有诤臣，士有诤友，
欲改过者，亲贤为首。
多亲贤友，近朱者赤，
勿近恶人，近墨者黑。

非礼勿视，非礼勿听，

非礼勿言，非礼勿动。

微命勿杀，非与勿取，

勿起邪念，勿作诳语。

虽处幽独，如对帝天，

恭敬存诚，庶几圣贤。

第十八章 立志
dì shí bā zhāng lì zhì

相彼柏松， 生而节直，
xiāng bǐ bǎi sōng shēng ér jié zhí

雨露滋荣， 荫干霄日。
yǔ lù zī róng yīn gān xiāo rì

况忝为人， 万物之灵，
kuàng tiǎn wéi rén wàn wù zhī líng

幼不立志， 壮无所成。
yòu bú lì zhì zhuàng wú suǒ chéng

航海有针， 发矢有鹄，
háng hǎi yǒu zhēn fā shǐ yǒu hú

因地不真， 果招纡曲。
yīn dì bù zhēn guǒ zhāo yū qū

立志要正，　圣德是务，
lì zhì yào zhèng　shèng dé shì wù

名位富厚，　切勿生慕。
míng wèi fù hòu　qiè wù shēng mù

立志要勤，　勿依赖人，
lì zhì yào qín　wù yī lài rén

专精一业，　养亲资生。
zhuān jīng yí yè　yǎng qīn zī shēng

立志要仁，利济为怀，
专谋自利，败亡之阶。
志要在道，勿在温饱，
天下己任，切戒凡小。

立 志 远 大 ， 要 达 究 竟 ，
lì zhì yuǎn dà　　yào dá jiū jìng

无 上 上 心 ， 澈 底 发 定 。
wú shàng shàng xīn　　chè dǐ fā dìng

志 大 难 偿 ， 道 高 魔 长 ，
zhì dà nán cháng　　dào gāo mó zhǎng

艰 苦 折 挠 ， 不 改 宗 仰 。
jiān kǔ zhé náo　　bù gǎi zōng yǎng

恒 戒 贪 逸 ， 嗜 好 纷 心 ，
héng jiè tān yì　　shì hào fēn xīn

外 染 内 夺 ， 素 志 斯 倾 。
wài rǎn nèi duó　　sù zhì sī qīng

志虽欲大， 心欲其细，
zhì suī yù dà xīn yù qí xì

狂妄粗疏， 必偾厥事。
kuáng wàng cū shū bì fèn jué shì

志虽欲高， 气欲其下，
zhì suī yù gāo qì yù qí xià

骄矜凌人， 忌多助寡。
jiāo jīn líng rén jì duō zhù guǎ

志虽欲远，　行须自近，
zhì suī yù yuǎn　xíng xū zì jìn

百尺楼高，　筑基方寸。
bǎi chǐ lóu gāo　zhù jī fāng cùn

立志既宏，　才必完全，
lì zhì jì hóng　cái bì wán quán

舟巨无楫，　难济大川。
zhōu jù wú jí　nán jì dà chuān

凡有志者，尤当勤学，

学问思辨，笃行勿惑。

才德俱全，堪为民福，

是真立志，是真爱国。

第十九章　修德

学问之道，最重力行，
说食不饱，空言无成。
发心必诚，诚乃不息，
事修理明，表里如一。

力行而诚，乃己之德，
内圣外王，究竟成佛。
万行庄严，德为总持，
择要渐修，念兹在慈。
第一曰孝，惟养与敬，
爱亲以德，悦心从命。
第二曰悌，惟和与让，
兄友弟恭，子孙榜样。

第三曰忠，作事尽心，
dì sān yuē zhōng　zuò shì jìn xīn

或为戚友，或为众民。
huò wéi qī yǒu　huò wéi zhòng mín

勿轻然诺，一诺千金，
wù qīng rán nuò　yí nuò qiān jīn

竭智瘁力，不计死生。
jié zhì cuì lì　bú jì sǐ shēng

第四曰贞，乃德之千，
诫尔群众，保持勿涣。
女子不贞，行秽无耻，
为人轻贱，谁怜忏悔？
妇人不贞，溃防堕名，
乱婚姻制，召祸亡身。
男子不贞，纵欲悖理，
乱婚姻制，祸及妻子。

士 夫 不 贞 ， 名 节 扫 地 ，
shì fū bù zhēn　　míng jié sǎo dì

罔 尊 正 业 ， 不 存 正 气 ，
wǎng zūn zhèng yè　　bù cún zhèng qì

正 论 既 无 ， 正 道 将 替 ，
zhèng lùn jì wú　　zhèng dào jiāng tì

祸 及 邦 家 ， 风 俗 颓 靡 。
huò jí bāng jiā　　fēng sú tuí mǐ

第五曰仁，爱众为本，
dì wǔ yuē rén　　ài zhòng wéi běn

富之教之，天下己任。
fù zhī jiào zhī　　tiān xià jǐ rèn

民胞物与，己饥己溺，
mín bāo wù yǔ　　jǐ jī jǐ nì

仁之至者，即圣即佛。
rén zhī zhì zhě　　jí shèng jí fó

第六曰义，顺理为先，
dì liù yuē yì　　shùn lǐ wéi xiān

行不背首，义在是焉。
xíng bú bèi shǒu　　yì zài shì yān

行不趋私，义即克全，
xíng bù qū sī　　yì jí kè quán

外圆内方，即义即权。
wài yuán nèi fāng　　jí yì jí quán

第七曰礼，威仪之节，
礼以闲邪，礼以防逸，
礼以止乱，礼以成德，
诫尔童年，束身圭璧。
第八曰智，迷悟攸关，
学辨邪正，人察忠奸。
多识明理，去非从是，
守正不疑，庶乎近智。

第九曰信，语贵有实，
行必践言，辞无妄发，
一诺不苟，而况赏罚？
可格鬼神，可孚万国。
第十曰慈，勿杀微命，
毋结孽缘，恒有恻隐。
救济苦难，施助勿吝，
提倡疏食，挽回劫运。

十一日廉，勿盗一芥，
shí yī yuē lián　wù dào yí jiè

让乃德美，贪为心害，
ràng nǎi dé měi　tān wéi xīn hài

名誉丧亡，家衰国败，
míng yù sàng wáng　jiā shuāi guó bài

非义勿取，铭为心戒。
fēi yì wù qǔ　míng wéi xīn jiè

十二日敬，正念常存，
shí èr yuē jìng　zhèng niàn cháng cún

专精正业，亲近正人。
zhuān jīng zhèng yè　qīn jìn zhèng rén

非礼勿思，天帝降临，
fēi lǐ wù sī　tiān dì jiàng lín

敬则获福，人神共钦。
jìng zé huò fú　rén shén gòng qīn

十三日诚，戒毋自欺，
意恶必去，自慊为归。
为善尽力，发憾无遗，
不愧不怍，乃德之基。
十四日恕，体谅为心，
己恶勿施，不能当矜，
犯非有意，误会偶生，
自然息怒，自能容人。

十五日朴，惟俭与澹，
衣服无华，食用毋滥，
嗜欲须捐，荣华如幻，
养廉全贞，渐登道岸。
十六日勤，戒惰与逸，
学业而勤，资生有术；
服务而勤，无惭报国。
当惜分阴，尽瘁尔职。

十七日毅，　强忍有功，
shí qī yuē yì　qiáng rěn yǒu gōng

立志既大，　毅乃克终。
lì zhì jì dà　yì nǎi kè zhōng

富贵不淫，　贫贱不移，
fù guì bù yín　pín jiàn bù yí

威武不屈，　斯真有为。
wēi wǔ bù qū　sī zhēn yǒu wéi

十八日恭，　肃尔身容，
shí bā yuē gōng　sù ěr shēn róng

重则有威，　侮来无从。
zhòng zé yǒu wēi　wǔ lái wú cóng

外恭内敬，　邪念难萌，
wài gōng nèi jìng　xié niàn nán méng

整齐严肃，　道在其中。
zhěng qí yán sù　dào zài qí zhōng

十九日明，看理远到，
浸润之谮，勿忘察照。
肤受之愬，勿发之暴，
酌理衡情，心镜明耀。
二十日公，公则民悦，
学衡持平，与众守法。
不偏不倚，勿隐勿欺，
如日普照，如天无私。

廿一日宽， 心捐逼迫，
容人之过， 隐人之恶。
善善从长， 罚罪无虐，
宽则得众， 从化而乐。
廿二日达， 贵通事理，
勿尚拘牵， 当澈宗旨。
识须观远， 功无贪近，
达变通权， 义不失正。

廿三日惭，　自愧卑劣，
圣贤德量，　我胡弗及？
圣贤功业，　我胡未立？
每饭之思，　发愤心决。
廿四日谦，　虚怀接物，
受宠若惊，　敬愚如佛，
智岂无遗，　愚有一得，
骄矜召祸，　谦能获益。

廿五日忍，容忍为义，
众苦以捐，万善斯备。
忿争而忍，免乱大谋，
下奠民命，上顺天和。
贫贱而忍，免伤廉耻，
知命乐天，背欲从理。
艰苦而忍，镇静其心，
忍辱负重，有志竟成。
瞋恨而忍，免成过失，
疑忌须捐，度量勿窄。
贪欲而忍，免造恶业，
妄想销除，身心安逸。

廿六曰施，　舍己利人，
niàn liù yuē shī　shě jǐ lì rén

令众安乐，　福德称尊。
lìng zhòng ān lè　fú dé chēng zūn

衣食财药，　及余善举，
yī shí cái yào　jí yú shàn jǔ

是名财施，　救人功溥。
shì míng cái shī　jiù rén gōng pǔ

以善率众，　以德诲人，
yǐ shàn shuài zhòng　yǐ dé huì rén

是名法施，　号无尽灯。
shì míng fǎ shī　hào wú jìn dēng

扶危济困，　温语霭容，
fú wēi jì kùn　wēn yǔ ǎi róng

名无畏施，　霁月光风。
míng wú wèi shī　jì yuè guāng fēng

廿七日果 ， 义主决断 ，
shàn wú sù nuò guò bú èr fàn
善无宿诺 ， 过不贰犯 。
fáng è rú kòu yuǎn lí rǎn wū
防恶如寇 ， 远离染污 ，
wén yì bì cóng tòng jiè yóu yù
闻义必从 ， 痛戒犹豫 。
niàn bā yuē yǒng jīng jìn bù yǐ
廿八日勇 ， 精进不已 ，
yòng zhì bù fēn záo jǐng jí shuǐ
用志不纷 ， 凿井及水 ，
wù chén xīn qì wù gù shēng sǐ
务沉心气 ， 勿顾生死 ，
jìn ruì tuì sù qiǎn cháng kě chǐ
进锐退速 ， 浅尝可耻 。

廿九日定，　心不起惑，
niàn jiǔ yuē dìng　xīn bù qǐ huò

外诱无权，　胸有成竹，
wài yòu wú quán　xiōng yǒu chéng zhú

力镇危倾，　见超凡俗，
lì zhèn wēi qīng　jiàn chāo fán sú

禅门妙定，　泊然离欲。
chán mén miào dìng　bó rán lí yù

三十日慧，　究竟觉悟，
sān shí yuē huì　jiū jìng jué wù

云何宇宙，　圣凡异趣。
yún hé yǔ zhòu　shèng fán yì qù

是有是空，云何应住，
chéng cǐ yuán jué　nǎi pú tí lù
成此圆觉，乃菩提路。
fán cǐ zhū dé　xīn shí suǒ yī
凡此诸德，心识所依，
rén cí zhì huì　hù yòng jiāo zī
仁慈智慧，互用交资。
yǐ zhī shū shēn　xián shèng kě xī
以之淑身，贤圣可希；
tuī huà tiān xià　yì yǐ guàn zhī
推化天下，一以贯之。
dé wán gōng mǎn　chéng fó suǒ jī
德完功满，成佛所基，
yuàn ěr zhū shēng　xìn shòu xíng chí
愿尔诸生，信受行持。

图书在版编目（CIP）数据

养蒙便读 / 周秉清著. -- 汕头 : 汕头大学出版社,
2016.4
（小书童蒙学精品 / 牛月主编）
ISBN 978-7-5658-2564-4

Ⅰ. ①养… Ⅱ. ①周… Ⅲ. ①古汉语—启蒙读物
Ⅳ. ①H194.1

中国版本图书馆CIP数据核字 (2016) 第057828号

养蒙便读　　　　　YANGMENG BIANDU

作　者：周秉清
主　编：牛　月
责任编辑：汪艳蕾
封面设计：大华文苑
责任技编：黄东生
出版发行：汕头大学出版社
　　　　　广东省汕头市大学路243号汕头大学校园内　邮政编码：515063
电　话：0754-82904613
印　刷：永清县晔盛亚胶印有限公司
开　本：720mm×1000mm　1/16
印　张：8
字　数：68千字
版　次：2016年4月第1版
印　次：2016年4月第1次印刷
定　价：25.00元
ISBN 978-7-5658-2564-4

发行/广州发行中心　通讯邮购地址/广州市越秀区水荫路56号3栋9A室　邮政编码/510075
电话/020-37613848　传真/020-37637050